तुम मैं और ये वादी

डॉ. पार्थजीत दास

यह एक काल्पनिक कृति है। नाम, वर्ण, व्यवसाय, स्थान, और घटनायें या तो लेखक की कल्पना का उत्पाद है या एक कल्पित तरीके से इस्तेमाल की गई हैं। वास्तविक व्यक्तियों, जीवित या मृत, या वास्तविक घटनाओं के साथ कोई भी समानता विशुद्ध रूप से संयोग होगा।

प्रथम संस्करण: जुलाई 2022
भारत में मुद्रित

टाइप : कोकिला

ISBN: 978-93-94603-42-4

आवरण रचना: जया लोखंडे

प्रकाशक :   स्टोरीमिरर इंफोटेक प्राईवेट लिमिटेड,
              १४५, पहला माला, पवई प्लाझा,
              हीरानंदानी गार्डन्स, पवई,
              मुंबई-४०००७६, भारत

Web: https://storymirror.com
Facebook: https://facebook.com/storymirror
Instagram: https://instagram.com/storymirror
Twitter: https://twitter.com/story_mirror
Email: marketing@storymirror.com

मेरी चेतना, मेरी सृजनशीलता और
मेरे अपने सृजन की कारक व कारण
मेरी माँ के कर कमलों में समर्पित।

चलिए कुछ गुफ़्तगू कर ली जाये

अब आज-कल के ट्विटर, स्नैपचैट और इंस्टाग्राम के वायरल ज़माने में कोई नज़्में, कवितायेँ क्यों लिखता है? फिर उन्हें क्यों पढ़ता, सुनता या सुनाता है? उन नज़्मों को कभी फिर तराश कर, मेहनत कर छापता है, और एक किताब का रूप देता है। लोग उस किताब को दुकानों पर, या किनडल पर ख़रीद कर क्यों पढ़ते हैं? क्या मिलता है? क्या फ़ायदा है इन सब का?

मुहब्बत का क्या हासिल है फिर?

इबादत से क्या मिलता है?

एक ख़ूबसूरत से फूल को हवा के से साथ धीरे-धीरे डोलते हुए देखकर कुछ मिलता है क्या? सुबह-सुबह चिड़िया की आवाज़ सुनने का क्या फ़ायदा?

सूरज का लाल उफ़क़ के पीछे छुप जाना, चाँद का रात के तारों भरे दामन में धीरे से उतरना, नीली वादी में सफ़ेद कोहरे का फैलना, बादलों का पहाड़ी के सीने पे सर रख कर सो जाना सब देखते हैं। फिर ये शायर क्यों इन सब को अपने जज़्बात की स्याही में घोल कर सफ़हों पर उतारता है? सब को दिखाता-फिरता है। सच, बड़ा बेशर्म है ये शायर।

शायरी, नज़्में और गीत, शायद उस पल में लिखे जाते हैं जब शायर को अपनी ही ख़बर नहीं होती। ग़ालिब कह गए हैं.. "आते हैं ग़ैब से ये मज़ामी ख़याल में".. अब साहब, ग़ालिब ने लिखा तो हमने पढ़ा न।

फैज़ अगर न लिखते कि "तेरी आँखों के सिवा दुनिया में रखा क्या है" और मोमिन न कहते कि "तुम मेरे पास होते हो गोया जब कोई दूसरा नहीं होता" तो सोचिये क्या इश्क़, इश्क़ जैसा होता?

गुलज़ार "आपकी आँखों में कुछ महकते हुए राज़..." ढूँढ लेते हैं, तो साहिर अपने महबूब से कहते हैं "तुम अपना रंजो-ग़म, अपनी परेशानी मुझे दे दो।"

तुलसी 'स्वान्तः सुखाय' के लिए श्री रामचरितमानस लिख बैठते हैं, तो शंकराचार्य एक चांडाल के पूछने पर अपनी पहचान बताते हुए 'निर्वाणषट्कम'

की रचना कर देते हैं और सूफ़ी अपने ख़ुदा, महबूब और ख़ुद की पहचान भूल कर कह उठते हैं "अल-हक़!"

कबीर 'हद-अनहद' के बीच में सो कर 'निर्गुण' लिखते थे तो, तुकाराम अपने विट्ठल की भक्ति में अभंग। कहीं मीरा अपने गिरधर गोपाल के प्रेम में विभोर हो कर गा उठती थीं तो बाबा बुल्ले शाह की दशा थी "तेरे इश्क़ नचाया, करके थईआ वे थईआ!"

जन्म से स्वयं को "हीन-यवन" कहने वाले कवि शालवेग श्री जगन्नाथ महाप्रभु के विशाल 'चका नयन' को देख मुग्ध हो, अश्रुओं से भरे नेत्रों से भक्ति गीत गाते हैं और उसी कलिंग के एक और पुत्र कवि सम्राट उपेंद्र भंज 'बैदेशिक बिलास' नाम की महाकाव्य की रचना करते हैं जिसके हर पद की शुरुआत 'ब' से होती है।

इन सब काव्यों का, कवियों का, नज़्मों का, शायरों का कोटि-कोटि आभार। ये न लिखते तो हम न पढ़ पाते। न गुफ़्तगू कर पाते, न एक-दूसरे को सुन पाते, न समझ पाते, न जी पाते। इसीलिए लिखना लाज़मी है और इसीलिए लिखा है।

रश्मि मैडम, उनकी मित्र रेनू जी का उत्साह बढ़ाने के लिए, कई त्रुटियाँ सुधारने के लिए आभार। सौरभ जौहरी और श्रुति दासगुप्ता को लैंसडाउन जाने का सुझाव देने के लिए धन्यवाद। मेरी 'सोना' का 'सोना' बने रहने के लिए उसके 'बाबुल' की तरफ से ढेर सारा प्यार। थिएटर के दोस्तों का "पार्थ दादा! एक बार और सुनाना" कहने के लिए, मनीषा चौधरी का "शाबाश!" कहने के लिए शुक्रिया।

मेरी छोटी बहन अमृता का मेरी 'परमानेन्ट फैन नंबर' और पिताजी का आधा-अधूरा समझने के बावजूद "क्या बात, क्या बात" कहने के लिए आभार।

स्टोरी मिरर टीम का धन्यवाद।

और हाँ, आपको भूला नहीं।

आप, मेरे पाठक, तो मेरे ही हैं।

आपके लिए तो मेरी ये नज़्में ही मेरा शुक्राना, मेरी दुआ है।

ये नज़्में मैंने लिखी ज़रूर हैं, पर ये आपकी मुहब्बत से ही मुकम्मल होंगी।

कुछ अच्छा लगे या कुछ अच्छा न लगे तो बताइएगा ज़रूर, गुफ़्तगू तभी पूरी होगी।

पार्थ

अनुक्रमणिका

तुम

मैं

वादी

तुम

वो जिसकी तलाश है कब से,

वो जो ख़ुदा भी है और सनम भी,

वो जो मंज़र है और सफ़र भी,

वो जो मिला नहीं है और मिला भी,

वो जो मैं हूँ, और जो तुम भी।

तुम कुछ ऐसे मिलो

जब सूरज की आख़िरी किरण भी
उफ़क़ के सीने में छुप जाये,
टिमटिमाते हुए एक तारे की
धीमी रोशनी बन, तुम मुझ से मिलो।

चाहे-अनचाहे मिल ही जाते हैं लोग,
थोड़ी सी ख़ुशी, ग़म या बेरुख़ी देकर।
पर जिस्म ढूँढता है जैसे साँसें,
ऐसी बेचैनी से तुम मुझ से मिलो।

सिक्के का सिर्फ एक पहलू हो,
सुना है ऐसा मुमकिन नहीं।
पर कभी बिछड़ने का पहलू ही न हो
हो सके तो तुम मुझ से ऐसे मिलो।

जब सारे लफ़्ज़ साथ छोड़ दें,
और सभी मायने बे-मायने हो जाएँ,
ख़ूबसूरत सा एक राग बन कर,
गुनगुना कर तुम मुझ से मिलो।

नन्ही चिड़िया अपने छोटे से घोंसले
में लौटी है अभी।
चाँद का टुकड़ा खिला कर,
ठंडी हवा का तकिया दे कर,
रात सुलाने वाली है उसे अभी।
उसकी थकी हुई आँखों से,
जैसे मिलेगी नींद अभी,
वैसे ही तुम आज मुझसे मिलो।

तेरा ख़याल

भीगे अँधेरों का शॉल
घर के तारों पर
सुखाने के लिए टाँगा
तेरी यादों की रौशनी को
साँसे देकर
फूँक-फूँक कर
उम्मीदों के अंगारों पे जलाये रखा।

बेतरतीब से पड़े बिस्तर से,
धूल हटायी,
फिर बिछाया।
तन्हाइयों के बड़े भारी बोझ
झूठ के तकिये के नीचे छिपाए।
यादों के काले-काले जालों को
आने वाले कल के साफ़ कपड़े से पोंछा।
जिस्म की चोट छुप जाएँ;

न देखे कोई,
तो झूठी हँसी का लिबास पहना।
जज़्बात, जो किताबों में क़ैद
बुकमार्क्स की तरह बंद पड़े थे,
उन्हें अपने हाल से निजात दिलायी
उड़ने को पंख उधार दिए।

तन्दूर सुलगाया,
हसरतों को गूँथा,
गुफ़्तगू के रोट पकाए,
शाम के थाल में
अपना दिल फिर परोसा
तू न आये,
तेरा ख़याल तो आए।

तू और मैं

तू या तो मोहब्बत करेगा,
या नफ़रत,
या फिर बेरुख़ी ही करेगा।

पर जो भी करेगा
ए ख़ुदा!
मुझसे ही तो करेगा।

तुम्हारी माँग

ये जो सीधा साफ़ सा रास्ता,
काले जंगल के बीच से उसकी
गहराई को चीरता हुआ निकलता है,
कितना वीरान है।

कभी इस पर
चाहतों के तिनके उग आते थे
और उम्मीदों की
अलसाई किरणों को छूने को
अपने नन्हे हाथ बढ़ाते थे;
आज यहाँ आँसुओं के
सफ़ेद मोती बिखरे हैं बस।

और इस जंगल के
बरसों पुराने सनोबर
उनमे बसे पंछी और

उनके यादों के घर भी
सब उजड़ गए।
बिन-बुलाये आँधियों ने मिटा दिए
सारे निशान बीते हुए कल के।

अब एक सैलाब ही भर सकता है
इस वीरान से रास्ते का सूनापन।
किसी के वजूद का निचोड़ा हुआ
सुन्दर, पाक, लाल अब्र का सैलाब।

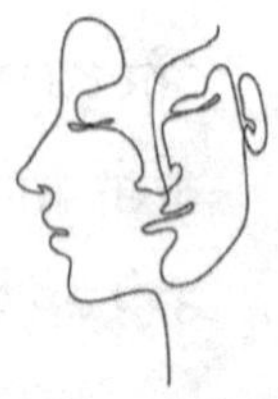

प्यार

मुश्किल नहीं,
प्यासे को पानी देना,
घाव सहला देना,
थके-हारे को देना छाँव,
और किसी को प्यार देना।

तुम्हारा दोस्त, तुम्हारा साथी,
कल तक जिसके साथ,
गली में खेलते थे क्रिकेट
या बारिश में फुटबॉल
बाँटते थे ख़ुशियाँ,
छोटी और बड़ी।

आज कमरे में बंद,
मायूस, अकेला
नफ़रत और शिकायतों के
अँधेरों में ढूंढ रहा है
तुम्हारा साथ,
तुम्हारा प्यार।

प्यासे को पानी देना,
घाव सहला देना।
थके-हारे को देना छाँव,
और किसी को प्यार देना
इतना मुश्किल तो नहीं।

तुम्हारी ज़ुल्फ़ें

भाग 1

चौंक गयी थी
तुम उसे देखकर,
मैं भी चौंका था
कभी वो सामने आता,
तो कभी छुप जाता।
पर आख़िर जब हाथ आया
वो मासूम, वो बेचारा,
तो बड़ी बेरहमी से
उसे जुदा कर दिया
अपने ही घर से तुमने।

अब काले बादलों के बीच
एक चाँदी के तार-सी बिजली
कहो कितनी सुन्दर लगती है।
क्या बुरा था,
अगर तुम्हारी एक ज़ुल्फ़ ने
अपना रंग बदल लिया था।

भाग 2

तुम्हारी रात-सी खुली ज़ुल्फ़ों से कह दो
यूँ हवा में लहराते हुए, झूमते हुए
मुझे न डराएँ, न सताएँ।

कहती हैं,
"हम तो लंबी होते -होते
इस शहर के रास्तों से भी लम्बी हो जायेंगी
तुझ से, तेरे घर से,
तेरे मोहल्ले से,
तेरी पहुँच से
बहुत दूर निकल जायेंगी
तू कहता है न, बड़ा सब्र है तुझ में!
हम भी ले कर देखेंगी तेरा इम्तिहान,
वक़्त के साथ-साथ,
अपना रंग हम भी बदल कर देखेंगी।"

साँसें चलती रहीं
वक़्त बदलता रहा।
सब्र, पहले बेसब्री
और फिर मायूसी में
बदलता रहा।

अब कोई चाह नहीं
कोई उम्मीद भी नहीं।
अब तो इस इंतज़ार की भी कोई इन्तहा हो,
तेरी न सही,
तेरी रेशमी ज़ुल्फ़ों का ही विसाल हो।
मेरी साँसों में,
तेरी साँसों का इत्र न सही,
मेरे गले में
तेरी बाँहें न सही,
मेरे गले में लिपट जाएँ,
तेरी ये सख़्त ज़ुल्फ़ें,
एक फंदा बन,
मुझे मेरे हाल से
निजात दिलाएँ,
तेरी ये ज़ुल्फ़ें।

तेरे आँसू

शाम के दिये सी रोशन तेरी आँखों में,
सुबह की ओस से, ये गीले आँसू कैसे?
जी करता है,
यह वहीँ रह जाएँ
ठहर जाएँ, जम जाएँ,
तेरी पलकों में बँध जाएँ।

पुराने किसी ज़ख्म की टीस उठी होगी,
किसी ख़ुशी के लिए सीने में जगह कम पड़ी होगी,
या संभाल के रखे, किसी काग़ज़ पे लिखी
मेरी कोई नज़्म ही पढ़ी होगी।

जो भी हो, बिखरने न देना,
ज़मीं पर गिरने न देना,
तेरे पाक जज़्बात का ये हासिल है,
मेरी तरह, तेरी आँखों में ही रहने देना।

तलाश

लाल-पीले, भूरे-नीले, सफ़ेद-काले
कितने और घूँघट खोलूं मैं?
क्यों ढूँढूं मैं वो नूर-सा चेहरा
हर-बार, बेसब्र और बेबस,
और क्यों रह जाऊँ हर-बार मायूस?

जंगल के जंगल फाँद लिए,
पांव-छिले, साँस-फूले, बदन टूटे,
रात-दिन, दौड़े-भागे,
किस कस्तूरी की तलाश में
और जाने कहाँ-कहाँ?

कितने देश, गाँव-बस्ती, शहर रहे कोई,
कितनों को करे अपना-पराया,
कितने जिस्मों का लिबास पहने,
क्यों किसी का इंतज़ार करे कोई।

घूँघट के पट तू क्या कभी खोलेगा?
मृग को अपनी कस्तूरी का पता चलेगा?
भटके राही को, अपने घर का पता
और मुझे, हर किसी में तू ही तू क्या मिलेगा?

क्यों

क्यों जाऊँ मैं यहाँ,

क्यों जाऊँ मैं वहाँ?

काबा-कलीसा, काशी-पुरी

मक्का-अमृतसर, सारा जहाँ

क्यों चढ़ूँ-उतरूँ पहाड़ के पहाड़,

क्यों पार करूँ नाले, टटोलूँ गुफा,

क्यों कोई मुझसे कहे

कहाँ तू है और कहाँ तू नहीं

क्यों करूँ मैं ऐसा या वैसा?

चौकड़ी-आसन लगाऊँ,

करूँ आँखे बंद, मत्था टेकूँ, घुटने मोड़ूँ

सर फोड़ूँ, हाथ जोड़ूँ

क्यों धरूँ मैं अलग-अलग भेष?
सर मुंडवाऊँ, दाढ़ी-मूँछ बढ़ाऊँ
टोपी-पगड़ी या हिजाब पहनूँ
पहनूँ हरा-गेरुआ-सफ़ेद बदन पे।

क्यों करूँ वज़ु गंगा नहाऊँ?
तेरा नाम लूँ एक-तीन-पाँच बार दिन में
हर साँस के साथ सोते-जागते क्यों नहीं?
मेरी आह, मेरी नज़्म मेरी दुआ नहीं?

क्यों रोकूँ साँस, छोड़ूँ फिर धीरे-से
क्यों जिस्म पे रखूँ इख़्तियार
क्यों दूँ-लूँ मैं बड़े-छोटे दान-धरम
सब कुछ तेरा है, मेरा नहीं।

क्यों किसी एक ज़ुबाँ से बात करूँ तुझसे,
क्यूँ अदा करूँ नमाज़, मन्त्रवाणी पढ़ूँ?
क्यूँ तारीफ़ करूँ तेरी, भीख माँगू, गिड़गिड़ाऊँ
जब ख़ुद ख़ामोश है, मेरी नहीं समझता

क्यूँ सुनूँ मैं इसको या उसको,
मुल्ला-पंडित, गुरु-सिख,
तेरे चौकीदार है, तू तो नहीं पहचानता इन्हें
रहता भी नहीं इनके घर!

क्यूँ जाऊँ मैं जन्नत
ये कहते हैं, बड़ी हसीं है
अगर देखी है, ये जायें
मुझे तो बस अपने घर वापिस जाना है

आ ! मेरे सर पे हाथ फेर, बोल मुझसे!
अपने ही बच्चे से भला कोई
इतना नाराज़ होता है?

अब तो है तुमसे

अब सब कुछ तुम हो,
और तुम से सब कुछ है।

सुबह की धूप की किरणें जब
ड्राइंग रूम के नीले परदे से
झाँक कर, बिस्तर तक आ कर,
रज़ाई हटा कर,
मेरे पास चुपके से लेट जाती हैं,
वहाँ जहाँ तुम सो रहे थे अभी,
तो मैं समझ जाती हूँ
तुम अभी पार्क में अपने मॉर्निंग रन
के लिए गए होगे।
उठकर देखती हूँ
तुम्हारी बेतरतीब सी पड़ी हुई चप्पलें,
स्टडी -टेबल पर रखी हुई
लेमन-हनी टी का कप,

और आधा-खुला, आधा-बंद लैपटॉप
जिस पर अभी कुछ लिखा होगा तुमने।

लैपटॉप बंद करती हूँ
कप, वाश-बेसिन के पास रखती हूँ
और सोचती हूँ,
अब सब कुछ तुम हो,
और तुम से सब कुछ है।

तुम साथ न हो तो,
दाल फ़ीकी और
रोटी कच्ची ही लगती है।
और, जब कभी मुझे भूख लगती है
तो तुम्हे पूछती हूँ,
"तुमने लंच नहीं किया क्या अभी तक?"
रोज़ ही पूछती हूँ,
क्यों कि कुछ रोज़ याद दिलाये बग़ैर खाते नहीं
और ये भी कहते हो कि,
"तुम जब तक नहीं पूछती, स्वाद नहीं आता।"

कभी आईने से डरती थी,

आज दोपहर से सामने बैठी हूँ,

कई बार बाल सँवारे,

श्रृंगार किया, सिंदूर लगाया,

आज ऑफिस से जल्दी आ रहे हो,

चाय चढ़ा देती हूँ।

कभी रास्ता पार करने पर डर लगता था

आज भाग कर,

समोसे और कुछ ग्रोसरी के सामान भी ले आयी हूँ।

पता नहीं आज इतनी खुश क्यूँ हूँ?

तुम्हे याद करके या

तुम मुझे याद कर रहे हो?

ये मुस्कराहट भी मेरी नहीं,

तुम्हारी है।

कल रात ऐसे ही चले आये थे दो आँसू,

एक अनजान सा डर था, या कोई बुरा सपना?

या शायद तुम किसी बात से उदास थे?

चाहा कि तुम्हारे सीने में छुप जाऊँ,

पर देखा, तो तुम मेरी हथेली पर सर रख के सो रहे थे।

जब तुम पास होते हो तो दिल में बेसब्री सी रहती है

और जब तुम पास नहीं होते तो जी घबराता है।

तुम जानते हो ना,

अब सब कुछ तुम हो,

और तुम से सब कुछ है।

रिश्ता तेरा मेरा

कोई शायर,
चुपके से आये हुए
किसी ख़याल के तोहफ़े को,
एक नज़्म का लिबास पहना कर,
किसी सफ़्हे की नज़्र कर
बहुत संभाल,
कहीं रख कर,
भूल गया हो जैसे।

या कोई गवैया,
पुराना कोई राग,
शाम को गुनगुना कर
सो गया हो
और अगली सुबह
उसे याद कर भी,
याद ना कर पा रहा हो जैसे।

या कोई साक़ी

एक जाम बना कर,

किसी शराबी की,

कहानी में,

अपनी ही कहानी सुनकर,

अपना होश और जाम

दोनों ही खो बैठा हो जैसे।

तेरा मेरा रिश्ता भी

ऐसे ही रह जाये,

ना तू उसे ढूँढे फिर,

ना मैं उसे याद करूँ।

रफ़ू

पता भी नहीं चलता था;
तुम कुछ इस तरह से जादू करती थीं,
जाने किस तरह बुनती थीं।

कौन सा तागा ऊपर से नीचे,
कौन सा नीचे से ऊपर,
किस को उँगलियों से सहलाती थीं।

किस को दाँतों से काटती थीं,
तागों में जाने कैसे रंग घोलती थीं,
तुम कुछ इस तरह से जादू करती थीं।

आज, लेकिन जिस्म पर वही लिबास है,
जिसे वक़्त ने अपने ज़ख्मों से, सदमों से,
तार-तार किया है!

इस पैरहन के सुराख़ से,
अब बस मेरी बेबसी झाँकती है।
और सोचती है,
कैसे तुम इनको रफ़ू करती थीं,
जाने किस तरह,
तुम ये जादू करती थीं!

वादा

हर रात, एक झूठे वादे की तरह
तुम्हें भूल जाने की तसल्ली देती है
और हर सुबह, दिन की रौशनी की तरह
याद दिलाती है कि तुम अब भी याद हो।

अब इन ख़ाली सफ़्हों की दीवारों पर,
नज़्म लिखते डर लगता है।
कहीं ये अल्फ़ाज़ पत्थर न बन जाएँ,
और मैं इनमें क़ैद हो जाऊँ, सदियों के लिए
मेरे आज, और मेरे कल के साथ।

तुम्हारा क्या है?
तुम तो चल दोगे
हवा और गर्द की तरह।
न कोई वादा,
न उसे निभाने की
कोई फ़िक्र या इरादा।

संभाल के रखे हैं तेरे ग़म

न शिकवा है कोई, न सवाल,

न कुछ पाने की चाह है अब,

न खो जाने का ख़ौफ़।

कुछ महसूस करने की बेसब्री

और कुछ भूल जाने की बेचैनी भी नहीं।

तेरे दिए हुए ग़म के

हर एक रेशे को मैंने,

बड़े जतन से एक-एक कर

लम्हों में पिरोया है।

बिस्तर पर लेटे-लेटे ही

यादों का लम्बा सफर

सदियों से सदियों तक

कई बार किया है।

इस बिखरे चादर पर
कई नक्शे, चेहरे बनाने की
बेकार कोशिश भी
कई बार की है।
पर, हर बार, बस
तेरा ही चेहरा बन पाया है।

ग़म

ऐसे तो मैं ख़ुश था
ख़ुद को कर लिया था बेज़ार,
और तमन्नाओं को सिखा दिया था सब्र।

तन्हा लोगों की
बड़ी-सी भीड़ में,
अकेले ही
सब के साथ-साथ
चलता था,
न किसी से कोई उम्मीद,
न गिला कोई।

फिर तुम्हारे चले जाने का,
ऐसा सदमा क्यूँ है?
ख़ुशी का कम होना
ग़म क्यूँ है?

मुस्कान

जाड़ों की सुबह की नर्म धूप
जब गुदगुदी करती थी पैरों में उसके,
तो यूँ ही, आँखें बंद किए हुए
आधी-सी मुस्कान बना लेती थी वो चेहरे पे।

तरह-तरह से, जगह बदल बदल के
घंटो प्यार से निहारा करता था उसे,
सूरज, पूरब से पश्चिम तक दिन भर
नीली वादी को देखा करता है जैसे।

पर आज, अपने ही हाथों से मैंने खोदी है
अपनी छाती की गीली ज़मीन को,
और एक औंधे कोने में दफ़नाया है
उसे और उसकी आधी-सी मुस्कान को।

आईना

वो जिसको देख कर
मुझे ये लगता था,
कि मानो एक आइना ही
सामने ले आया हो किसी ने,
और मैं अपने अक्स को ही
देख रहा हूँ जैसे।

और जिसके लिए मैं कहता था,
"जुड़वों की शक्ल
हमेशा एक जैसी नहीं होती,
और एक ही घर के लोग हमेशा
एक ही छत के नीचे बड़े नहीं होते।"

पर आज उसको देख,

मुझे ऐसा लगा

कि सरे भीड़ में,

उसने मेरे चेहरे के पार देखा,

मेरा वज़ूद, मेरा जिस्म, मेरी रूह,

सब को नकार दिया।

और वो आईना

तोड़ दिया।

मैं

अब अपने बारे में क्या कहे कोई।

क्वमसि

(शंकराचार्य के आत्म-षट्कम पर आधारित)

क्या आप उसे जानते हैं?
उसे, जिसका कोई रूप नहीं,
कोई नाम भी नहीं।
जो कहीं से आया नहीं है,
और जिसे कहीं जाना भी नहीं।

जिसने देखा आकाश पर बिखरे रंगों की होली को,
पर वो दृष्टि नहीं है।
कोमल और कठोर शब्दों के निनाद को सुना,
श्रवण की शक्ति पर वो नहीं है।
प्रिय-अप्रिय गंधों का अनुभव किया,
पर वो घ्राण भी नहीं है।
सारे रसों का आस्वादन किया,
किन्तु वो रसना नहीं है।

जड़-चेतन सभी को छुआ,
परन्तु स्पर्श का अनुभव भी वो नहीं है।

सुन्दर और वीभत्स विचारों को उसने देखा,
चंचल मन लेकिन नहीं है वो।
स्थूल-सूक्ष्म वस्तुओं को जाँचा-परखा,
पर वो बुद्धि भी नहीं है।
सृजन-पालन और विनाश भी किया अनेकों बार
परन्तु क्या वो मात्र महत अहम् नहीं था?

उससे कई प्रेम करते थे,
कई करते थे, घृणा भी,
पर वो किसी का शत्रु या मित्र नहीं था।
जिसने कई लोगों से सीखा और कुछ सिखाया भी
पर न वो गुरु था न शिष्य।
जन्म-मरण के चक्र से वो गुज़र चुका था
पिता-पुत्र, के चरित्र दोनों निभा चुका था।

जो निर्विकल्प और अद्वैत है
जो सर्वत्र है, जो शाश्वत है
जो था, जो है और जो कल भी होगा
क्या उसे आप जानते हैं?

मुसाफ़िर

अच्छा था मुसाफ़िर था।
शाख़ से टूटे पत्ते,
हाथ से छूटे लम्हे,
धूप से सूखे बादल,
और आवारा हवा
इनका कोई घर नहीं होता।

रात के किए गए वादे
भोर तक बिछौने में कहीं खो जाते,
उतार कर रखे मोज़े की तरह
बेफ़िक्र और बेतरतीब।

जब चादर ही एक रात की हो
तो न मैला होने का डर
न फ़िर से इस्तेमाल करने की फ़िक्र,
पलकों के बंद करने और
फिर से खोलने के बीच का ही तो वक़्त है

जैसे-तैसे गुज़र जाएगा।
अच्छा था मुसाफ़िर था

अब अजनबी शहर में बदनाम होने का डर कैसा?
परछाईयाँ जानी-पहचानी सी पर
चेहरे अलग-अलग से।
न बिखरे बालों की फ़िक्र है,
न फटे कपड़ों की,
न चेचक के दाग़ों की।
न कोई दुलारने वाला है,
न ही पागल कह कर पत्थर मारने वाले।

दिन-रात के धुँधलके में शीशे के डब्बों से
हर किसी को आप और आप को हर कोई,
कुछ - कुछ एक से लगते हैं।
अच्छा था मुसाफ़िर था।

छलनी-सी काया से होकर
गुज़र जाती हैं चीज़ें
जो माँगे बिना मिल गया,
वो पूछे बिना चला गया।
हाँ, कभी-कभी इन चीज़ों से हो जाता है लगाव,
पर जब पाने या रखने की चाह न हो,

तो न चोरी का डर है,
न आग-पानी में जल-गल जाने का।
ताले-चाबी करने से होगा क्या?
तकिये के नीचे छुपाना कैसा?
जो कुछ था, है और होगा
सब उसका।
मैं तो ऐसे ही चला था,
खाली-हाथ, न सर पे गठरी
न हाथ में झोला।
मैं तो शून्य का मुसाफ़िर था,
अब भी वही हूँ
और यही रहूँगा।

नज़्म और शायर

नज़्म तो बन गयी है,
पर अभी दो लाइनें बाक़ी हैं।
वो सबसे ऊपर,
जहाँ टाइटल की जगह होती है,
और एकदम नीचे
जहाँ शायर का नाम होता है।

अब कैसे एक टाइटल दूँ?
कौन से नाम से पुकारूँ?
ये नज़्म तो ख़ुद
चल के आई थी मेरे पास,
ख़यालों की पालकी में बैठ कर,
मेरे लिए अपनापन लिए।

न जाने अपने जिगर के टुकड़ों को
माँ-बाप कैसे एक ही नाम दे देते हैं?
हर दिन, हर पल, हर हरकत पे
एक नया नाम देने का मन नहीं करता?

अब इस नज़्म का
शायर कौन है अब?
नाम क्या लिखूँ?
जिसको देखता हूँ
वही हक़दार लगता है।

किसी पेड़ की शाख़ से मैंने
यादों के पीले पत्तों को टटोला है।
आसमान ने अपने कितने ही रंग
भरे हैं मेरी स्याही में।

रात भर सुलगती हुई लकड़ियों ने
मुझे तापा है, ज़िंदा रखा है।
पत्थरों को उठा कर पुराने
ज़ख़्म ख़रोंचे हैं।
सपनों को बादलों की कश्ती में
बिठा कर सैर कराया है।

इतने सारे नाम तो नहीं लिख सकता,
तो अपना ही लिख देता हूँ।

पर क्या नाम है मेरा और
क्यों कोई नाम हो मेरा?
शायर बेनाम ही हो
तो अच्छा हो।
न कभी नाम होगा,
न ही कभी बदनाम।

अब, ऐसे ही छोड़ देता हूँ
ख़ाली।
किसी का तो नाम हो,
उसका ही सही।

ख़्वाब

नींद में चलने की आदत थी,
और कल रात, देर तक
रात का सीना टटोलता रहा वो शायर।

पर आज उठकर
जाने फिर क्या ढूँढ रहा है?
बिस्तर के इर्द-गिर्द,
तकिये उठाये,
रज़ाई घसीटी,
शॉल को उठा कर फेंका कुर्सी पर।

कहीं वो उस ख़्वाब को तो नहीं ढूँढ रहा
जो आया था उसके पास
दबे-पाँव, चुपके-से।
या कोई चेहरा देखा होगा,
जिसे ढूँढ रहा है यादों के

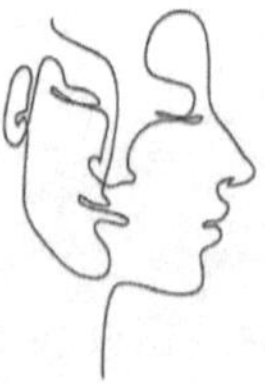

संदूक में।

सुना है,

ख़्वाब में हम नए चेहरे बनाते नहीं हैं,

वही चेहरे देखते हैं, जिनसे हम कभी मिले हों

जाने- अनजाने।

शायद अंदेशा मिला होगा,

किसी अनहोनी का।

अब होनी को कौन टाल सकता है,

तक्षक परीक्षित की कहानी सबने सुनी है,

पर उम्मीद कहाँ किसी की सुनती है?

पर इतना भी नहीं जानता ये शायर,

के इन ख़्वाबों का होना न होना फ़िज़ूल है।

ख़्वाबों के जिस्म नहीं होते,

आँखें खोलने पर वो मर जाते हैं,

और कोई नाम-ओ-निशाँ भी नहीं रहता।

सवाल

एक बेसब्री सी है
इन हवाओं से गुज़रते हुए,
और कुछ सवाल हैं
जिनके कोई जवाब नहीं।

जब पंख हैं उड़ने को
तो परवाज़ क्यों नहीं?
जब दिल है सीने में
तो धड़कनों की गूँज क्यों नहीं,

दर्द, रंजिश, शिकवे-गिले
मायूसी, बेबसी, बेचैनी भी है मुझमे,
आख़िर इंसान हूँ
मैं कोई ख़ुदा तो नहीं।

नज़ारे अगर बनाये तूने
तो रंगों को देखना गुनाह क्यों?
फूलों में जब ख़ुशबू दी है तूने
तो साँसों में छुपा सकते क्यों नहीं?
जज़्बात का इज़हार कैसे करे कोई
जब ना हो शेर-ओ-ग़ज़ल।

पंछी गाते हैं गीत क्यों
जब सुनने वाला कोई नहीं।
और भी सवाल हैं ज़हन में
जब जवाब देने वाला कोई नहीं
पर क्यों पूछे कोई।

ध्यान

एक अनमनी सी बेचैन सुबह को
मैं चल रहा था,
अपने शांत मन के सन्नाटे में
मुझे एक आवाज़ का एहसास हुआ,
जो कभी चिड़ियों की पुकार में सुनाई देती,
तो कभी पत्तों के सीने से गुज़रती
हवा मालूम होती।

कभी लगता कि ये झींगुरों की गुफ़्तगू है,
तो कभी तो लगता कि
ये कहीं किसी के क़दमों की आहट तो नहीं?

मैं आगे बढ़ता रहा,
और वो आवाज़ सुनता रहा
कुछ देर सोचा तो यक़ीं सा हुआ कि
यह किसी झरने की आवाज़ है

जो किसी पहाड़ी से
नीचे चली आ रही होगी।

कुछ न दिखा तो अपना सर हिलाते हुए
चिड़िया, हवा, झींगुर और झरने पे शक करते हुए
मैं वादी के ऊपर चढ़ता रहा।

अब आसमान भी नज़र आने लगा था
और उसमें जड़ा लाल थाल भी।
एक पीली तितली लहराती हुई,
एक फूल से
दूसरे फूल के ऊपर से गुज़री,
जैसे वो भी कुछ ढूँढ रही हो।
उसको मैंने एक नीले फूल पर बैठे देखा
रंगों का वह सुन्दर चित्रपट
और तितली के पंखों का
उस पौधे के साथ धीमे-धीमे डोलना

इन सब को देख
मैं अपनी खोज को भूल चुका था
और एक पगडंडी पर बैठ गया
आँखे आप ही बंद हुईं
तो सिनेमा हाल की आखरी फ्रेम्स की तरह
तितली और फूल का वह दृश्य
मेरी आखों के सामने से गुज़रा

एक अद्भुत शांति
और सूरज की किरणों की
गर्माहट महसूस हो रही थी
और एक विश्वास कि
वो आवाज़ मेरे अंतर की ही थी
जो मैंने बरसों से सुनी नहीं थी।

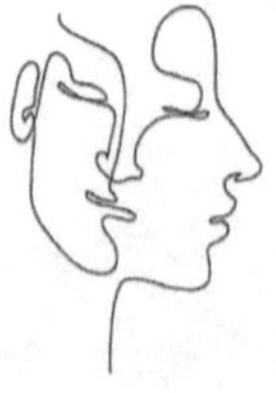

रिपोर्टर

तिलमिलाता हुआ वो निकला बाहर,
धूप और ग़ुस्से से सर फट रहा था,
साँसें फूल रही थीं,
नसें तन रही थीं,
और हाथ में था पत्थर।

उसने देखा चारों तरफ,
बड़ी इमारतों पे लगे हुए, सुंदर दिखने वाले
काँच के चमकते हुए फ्रेम्स,
जिसके अन्दर तो कोई नहीं देख सकता था।

जी में आया
मार के पत्थर तोड़ दे वो शीशे,
ताकि सब देख सकें, जो उसने देखा था
सब जान सकें,
क्या होता है इन फ्रेम्स के अन्दर,

इनकी चमक में, क्या छुपता है,

इस बाज़ार में, क्या बिकता है।

कौन से चेहरे हैं, अँधेरे कमरों में

उन रावणों के, कितने सर हैं

कितने पेट हैं, और हैं कितने हाथ,

क्या करते हैं, और किस-किस के साथ।

अभी हाथ उठा ही था, कि उसे आया याद

उसका मालिक भी

ऐसी ही एक इमारत में रहता है

काँच के फ्रेम्स के पीछे।

और एक दिन शाबाशी देते हुए उसने कहा था

"वो दिन दूर नहीं जब तुम भी हमारी तरह

इन्ही रंगीन फ्रेम्स में रहोगे!"

पत्थर हाथ से गिर चुका था,

वो उन काँच के घरों में

अब अपना पता ढूँढ रहा था।

बेचैनी थी, दर्द भी था,

पर कारण अब वो नहीं थे।

उसने आस-पास देखा
कई और थे उसके जैसे।
सबके पैरों के पास पत्थर पड़े थे
वो सब उन इमारतों की तरफ भागने को तैयार थे
सुना है मीडिया में बहुत कम्पटीशन है!

मौसम

जी करता है कुछ देर और रात की खुली ज़ुल्फ़ें सवाँरूँ
कुछ ख़्वाब और आ जायेंगे हाथों में मेरे।

कुछ देर और नर्म धूप को गुदगुदी करने दूँ मुझे
भूले हुए क़हक़हे फिर से गूँजेंगे मेरे आँगन में।

कुछ दूर वक़्त की रस्सी पकड़कर पहाड़ी के पीछे उतरूँ
कुछ छाले यादों के और पड़ जायेंगे हाथों में।

कोपलों पर बिखरी शबनम धीरे से निचोड़ूँ
आँखों से कुछ आँसू ऐसे ही बह जायेंगे।

कुछ देर और चलूँ इन लंबे रास्तों के साथ
कब से चले हैं जो मेरे क़दम शायद कहीं थम जायेंगे।

खड़ा रहूँ कुछ देर और यहाँ इस वादी की धुंध में,
जो साँसें जिस्म में क़ैद थीं, शायद फिर से चल पड़ेंगी।

पहचान

एक कोरा का़ग़ज़
अपने क़लम के इंतज़ार में
जाने क्या कुछ लिखे जा रहा था।
बड़ी देर तक सोचता था,
फिर कुछ लिखता था
मिटाता था और फिर लिखता था।

का़ग़ज़ कैसे लिख सकते हैं?
अक्षर दिखते तो नहीं?
पर ग़ौर से देखो तो
अक्षर सारे वहीं उसी
कोरे का़ग़ज़ पर ही तो हैं।

जैसे एक सुन्दर सी मूर्ति
छुपी होती है पत्थर में
जो शिल्पकार के हाथों के स्पर्श से
धीरे धीरे उभरती है
सामने आती है।

जैसे तुम ने
मुझे छूकर
मुझे दिए हैं मायने
जैसे स्पर्शमणि,
बना देती है स्वर्ण
किसी पाषाण को।
जैसे राम ने दिया था
जीवन अहिल्या को।

अख़बार

अख़बार काग़ज़ पर नहीं छपते,
छपते हैं समय के चेहरे पर।
फिर इनकी कई कापियाँ बनके
पहुँच जाती हैं हमारे पास,
अख़बार, इतिहास का पहला स्वरुप होता है।

अख़बार कटता है, बँटता है,
जुड़ता और पढ़ा भी जाता है।
अख़बार हम इंसानों की तरह ही हैं
लोग इनका इंतज़ार करते हैं,
मिलने पर खुश होते हैं, तो
कभी शिकायत भी करते हैं।

ये कभी अकेलेपन के साथी होते हैं
तो कभी घर की चहल-पहल,
और बातचीत का ज़रूरी हिस्सा,
चाय इनके बिना फ़ीकी ही लगती है।

ये हमारी घर की कुर्सियों को
सीधा खड़ा होना सिखाते हैं।
सन्डे की पिकनिक में
कभी ख़ुद ही प्लेट बन जाते हैं।

हमारे बच्चों के ये साथी होते हैं,
जिनकी कभी नाव
तो कभी रॉकेट बनाते हैं,
इन पे क़लम या रंग चलाते हैं।

और माँ हर एक-दो महीनो में
घर की सारे अलमारियों पर
पुराने अख़बारों को उतार कर
नए बिछा देती हैं ।
हमें अख़बार बहुत कुछ देते भी हैं।
काम करने को नौकरी की ख़बर,
रहने को आशियाने का पता,
और कितनी ही बार
उम्र भर को निभाने को रिश्ते
सच, अख़बार कभी पुराने नहीं होते।

बड़े हो कर क्या बनोगे

ख़ुदी तो थी हमारे पास
पर कभी सोचा न था
कि हमें ख़ुद भी कुछ
बनना बनाना है।

पापा फ़ख़्र से कहते
"अजी.... हमारा लड़का तो 'ये' बनेगा"
और ये 'ये' वक़्त के साथ
बदलता रहा।
"जो भी बन, पर एक अच्छा इंसान बन"
माँ कहती।
"मेरे फैंसी ड्रेस कम्पटीशन में
मुझे एक घोड़ा चाहिए,आप बनोगे?"
बहिन ने लाड़ से पूछा एक बार

स्कूल में टीचर्स अकड़ के कहते
'स्टूडेंट हो…
स्टूडेंट ही बन कर रहो''
''अबे ओ .. इतना मत बन''
दोस्त लोग नाराज़ होते तो कहते।
थिएटर के डायरेक्टर तो
हर रिहर्सल से पहले कहते
''इस बार पता है क्या बनने वाले हो?''

पढ़ते पढ़ते ग्रेजुएट बने, पोस्ट ग्रेजुएट भी बने
नाम के आगे पीछे चंद अक्षर जोड़े।
फिर नौकरी की और नौकर बने।

पर उस रात जब
तुमने धीरे से
सहमी आँखों से पूछा
''तुम मेरे बन के रहोगे न?''
मानो इस बनने, बनाने
की उधेड़ - बुन से आज़ाद हुआ
तुमसे कुछ कहा नहीं था मैंने तब,
''हाँ, मैं हूँ, और तुम्हारा बन के रहूँगा।''

नाम

इस स्नो-पॉइंट पर आकर देखा
बड़े-बड़े पत्थरों पर लिखे थे कई नाम

नाम जुड़े थे, या जोड़े थे किसी ने
पर जिस्मों का कोई पता नहीं,
ना ही रूहों का।

पता भी नहीं वो
अब भी जुड़े होंगे या होंगे तन्हा।

मैंने सोचा, मैं भी जोड़ दूँ
तुम्हारा और मेरा नाम
कुछ देर यहीं रह जायेंगे हम
वक़्त से नज़रें बचा कर।

मैंने वहीँ पड़े एक छोटे से पत्थर से
उस बड़े पत्थर पर
अपना नाम दोहरा-दोहरा के लिखा,
एक जाना-पहचाना सा चिन्ह बनाया,
फिर रुक गया, क्या लिखता,
बैरहाल मैंने उसे ख़ाली छोड़ दिया,
ख़ुदा का भी क्या कोई नाम होता है!

बेशर्म शायर

लोगों ने कई बार समझाया,
कि अपने ज़ख्मों को छुपा लो
यूँ न दिखाओ, न बताओ
दुनिया देखेगी-सुनेगी
तो हँसेगी, मज़ाक उड़ाएगी।

पर बड़ा ही बेशर्म है ये शायर
अपने ज़ख्मों को
अपनी नज़्मों में उतार कर
उन्हें दिखाता,
पढ़ता और सुनाता फिरता है।

इन नज़्मों के चेहरे पर,
साफ़ नज़र आती हैं,
इसके बदन की सारी ख़राशें।
और क्यों न नज़र आएँ,

ये अल्फ़ाज़ों का पर्दा भी कोई पर्दा है!

उसका दिल और चेहरा ही वो सफ़हें हैं

जिन पर वो अपने ग़म की स्याही चिपकाता है।

सच बड़ा बेशरम है ये शायर,

अपनी रूह को जलाकर

दिन करता है,

और नज़्मों की काली गलियों में

अपनी रातें काटता है।

सौदा

बड़े घाटे का सौदा रे,
सौदा बड़े घाटे का रे।
हाथ लिए गेहूँ,
मोल दिए आटे का रे।

जो कुछ भी माँगा,
पल में गँवाया,
फिर माँगने तेरे
द्वार मैं आया।
माया मरी न
तृष्णा मरी,
देह मरा पर
यह मन न मरा रे
बड़े घाटे का सौदा रे
सौदा बड़े घाटे का र।

चैन गँवाया, बुद्धि गँवाई
बदले में चिता-सी चिंता पाई।
इस दौड़-धूप में क्या पाया मैंने
और कौन मुझसे छूटा रे
बड़े घाटे का सौदा रे
सौदा बड़े घाटे का रे।

ध्यान छूटा, मेरा भजन छूटा
विषयों के बाज़ार आकर
मेरा भाग्य फूटा।
कीमत न जानी कैसा अभागा
सोने को मैंने माना सुहागा
इसकी सुनी मैंने उसकी सुनी
गुरु ज्ञान पे न ध्यान धरा रे।
बड़े घाटे का सौदा रे
सौदा बड़े घाटे का रे।

मंज़िल

यह कैसी नींद से जगा मैं आज,
पलकें करूँ बंद, या रखूँ खुली
एक-सा ही लगता है सब कुछ
वक़्त भी एक-सा, भोर या गोधूली।

कहते हैं चक्र का न आदि है न अंत
शून्य से शून्य का ही सफ़र है
जिस बिंदु से चल पड़े आगे, वो सही,
मंजिल यही और पंथ भी यही।

मैं ही मैं हूँ अब यहाँ, कोई और नहीं
माया, संसार, इस पार, उस पार
भला-बुरा, शुभ-अशुभ, पुण्य-पाप
सब अंदर है, बाहर कुछ भी नहीं।

उम्र

मेरी सफ़ेद ज़ुल्फ़ों से
मेरी उम्र को इशारा मत दे,
उम्र का ढलना
कोई बुरी बात नहीं।

दिन ढलता है, तो सुहानी शाम होती है
और धूप में तपते बदन को थोड़ा आराम,
परेशान मन को सुकून
और आसमान में भटकते पंछी को
लौटने को घर मिलता है।

मेरा तजुर्बा, मेरी जद्दोजहद,
मेरी शिकस्त, मेरी फ़तह की,
कहानियाँ लिखती हैं मेरी झुर्रियाँ,
इन्हें बुढ़ापे की निशानी मत बता।

एक पड़ाव के ख़त्म होने पर
नए पड़ाव की शुरुआत होती है।
जैसे सवेरे का सूरज,
उफ़क़ पे अपनी लाली तब बिखेरता है
जब रात सबसे काली होती है।

मेरी पहचान

नाम सुना होगा पहले,
कोई चेहरा भी,
ख़यालों के कैनवास पर उतारा होगा।
तस्वीर जब देखी होगी, तो
या तो मायूस हुई होगी,
या ही मुस्काया होगा।

जब आवाज़ सुनी थी पहली बार तो
लफ़्ज़ों को सुनते हुए
मेरा चेहरा, मेरे हाथ,
मेरे होंठ, मेरी हँसी को
जाने तुमने कैसे महसूस किया होगा।

लोगों से भी सुना होगा,
जो मैंने किया
या नहीं किया होगा।

मेरी नज़्मों को भी
बार-बार पढ़ा होगा,
और हर लाइन से
मेरी पेंटिंग पूरी की होगी।
मुझसे जब मिली,
तो मेरी आँखों में डूबकर
कुछ तो देखा होगा;
कहते हैं आँखें
रूह का आईना होती हैं।

मेरी बातों से ज़्यादा,
मेरी साँसों को सुना होगा।
मेरा हाथ पकड़ कर,
मेरी धड़कनों की
बेताबी को समझा होगा।
मेरी मुस्कान में छिपे ग़म,
और आँसुओं में झलकती ख़ुशी को भी
ढूँढ निकला होगा।

जाने तुमने क्या देखा और,
जाने तुमने क्या नहीं देखा होगा।
पर अस्ल में जानना चाहती हो
तो मेरे साथ ता-उम्र
हम बनके रहना होगा।

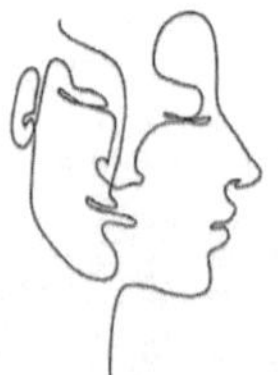

वादी

लैंसडौन, दार्जीलिंग, सेंटोरिनी,

पौड़ी, मसूरी, कलिम्पोंग, फ्लोरेंस

श्रीनगर, देहरादून, मसकेलिया, मिलान

वैली ऑफ़ फ्लावर्स, भोपाल, ज़ागरेब

नुवारा एलिया, स्कॉटलैंड, ऋषिकेश, रोम

प्राग, बनारस, गुवाहाटी, जैसलमेर, कोसिच

आदि का शुक्रगुज़ार हूँ।

रात का चेहरा

रात का एक चेहरा होता है,
और हर चेहरे का एक अक्स होता है।
कभी तुम रात में होती हो और,
कभी तुम में रात होती है।

रात के सीने पर हाथ रख कर देखो,
वो धड़कता भी है, दर्द से तड़पता भी है,
और रात के आँखों में गौर से देखो तो आँसू हैं
जो पहाड़ों पर पड़ी शबनम होती है।
कभी तुम रात में होती हो,
कभी तुम में रात होती है।

रात की नाकाम चाह को तो देखो
के सहर तक,
सहर के इंतज़ार में सुलगती है
और जफ़ा-ए-सहर का क्या कहें

कि उसके आते ही रात राख़ होती है।

कभी तुम रात में होती हो,

कभी तुम में रात होती है।

हवा में ख़ुशबू के रंग

और पत्तों की मौसिक़ी होती है

तारों की रौशनी में, चाँद की याद में

रात जब नज़्म कहती है, तो बारिश होती है।

कभी तुम रात में होती हो,

कभी तुम में रात होती है।

रात बेज़ुबान नहीं

रात बेज़ार भी नहीं, हर बात सुनती है

कभी रात के साथ, पूरी रात गुज़ार के देखो

हर रात की अपनी एक कहानी होती है,

रात का एक चेहरा होता है

और हर चेहरे का एक अक्स होता है,

कभी तो तुम रात में होती हो,

और कभी तुम में रात होती है।

भोपाल

तेरी दो आँखों के बीच
क्या कुछ गुफ़्तगू होती है?
जैसे होती है,
इस शहर के दो झीलों के बीच।
और यहाँ तो साफ़ बँटे हुए हैं
पुराना और नया भोपाल
तेरे दिल में भी क्या रिश्ते
ऐसे ही अलग-अलग हिस्सों में रहते हैं?

पहली बारिश में धुले हुए
तेरी गीली ज़ुल्फ़ों-से
ये काले रस्ते,
कहाँ तक चलते हैं?

इस शहर के सूने चौराहे
भी अजीब हैं,
जिस भी रास्ते पे चलता हूँ
तुम तक ही पहुँचते हैं।

नदी

मेरी उंगलियों से होकर,

शर्माती हुई जो गुज़रती है

रेशम-सी ये पानी की डोर

ये पानी ही है

या बर्फ़ का वो टुकड़ा

जिसे एक ज़ेवर की तरह

बरसों पहन रखा था बूढ़े पहाड़ ने।

और आसमान को चिढ़ाता था,

"देख मेरे पास भी हैं

ये बेशक़ीमती ज़ेवर जो

तारों की तरह दिन में धोका नहीं देते।"

या ये पानी वो भाप है जिसे दूर साहिल पे

समंदर से मिलते - मिलते

चुरा लेता है सूरज

हवा का जादुई जाल बिछा कर।

मुझे तो लगता है,एक ही है यह

बूढ़े पहाड़ के सीने से लेकर,

समंदर की गोदी तक

हर जगह, बस यही है।

न कहीं से चली है,

न कहीं पर जाना है इसे।

यहाँ- वहाँ, अब- तब का

वक़्त का माया जाल टूट चुका।

सूरज का ग़ुस्सा

उसका इशारा समझ कर
कल की तरह आज भी
उठकर मैं चल पड़ा।
और सोचा चुप-चाप
भोर की धूप सेंक आऊँ,
सुबह- सुबह
बोन-फायर कर लूँ।

सारे नज़ारे वही थे,
पर कुछ बदला हुआ था।
उसने एक-एक करके,
सबको अपनी तरफ़ कर लिया था।

दूर की बर्फ़ीली चट्टानों से कहा था
मैं तुम्हारे माथे पे,
चमकीला टीका मल दूँगा।
वादी में फैला था घना कोहरा,

जैसे कल रात चूल्हा जला के
उसे बुझाना भूल गया होगा कोई,
उस कोहरे को अपने हाल से

निजात दिलाने का दिलासा दिया था।
पत्तों से कह दिया था,
"बदन गीला है, ठण्ड लग रही होगी,
आओ पोंछ दूँ, अपनी धूप से सुखा दूँ"
तारों को सोने के लिए तकिये दे दिए थे
वो सब सो चुके थे।

पुराने गिरजाघर से कहा था
"मैं खिड़की-दरवाज़ों से अंदर आकर,
फ़र्श पर नए पैटर्न बना दूँगा
मरियम बड़ी ख़ुश होगी!"

शबनम की बूँदों को तो मोती बनाने का
झूठा वादा भी कर लिया था उसने।

और पत्थरों के माथे भी
धीरे-धीरे सहला रहा था
जैसे जंग से पहले
औज़ार तैयार करता है कोई।

मुझे देख ग़ुस्से से घूर रहा है,
अब दिन भर मुझे सताएगा
मेरे नंगे कन्धों पे बरसायेगा
जाने कितने ही तीर किरणों के।

बहुत नाराज़ है मुझसे ये सूरज
क्योंकि सूरज की बिरहन, ये रात
सारी रात मेरे साथ जो थी।

वादी में चोरी

अपने बिस्तर पर लेटे-लेटे,
तन्हाई की लम्बी चादर ओढे,
एक सुबह को लिखी मैंने
बासी शब् की बात।

आँखों का कैमरा लेकर
बाहर जाने से लेकिन डर लगता है।
यह सोच कर कि कैसे मिलूँगा
और कैसे छुपूँगा उन सब से।

आते ही भोर की सर्द हवा जकड़ लेगी,
कहीं जाने न देगी, काटेगी-नोचेगी चेहरे को।

वादी के पथरीले रास्ते भी अपना क़हर ढायेंगे
परेशाँ और थके हुए मेरे पैरों पर।

घना कोहरा भी घेर कर मुझे
मेरा दम घोंटने की कोशिश करेगा।

ये बड़े-बड़े चीड़ के पेड़
बार-बार मुझपर गिरने की धमकी देंगे।

और इन सब का सरदार
ये लाल-पीला सूरज,
मुझे सीधी-आँख
धरेगा और पूछेगा,
"फिर से एक नज़्म चुरा ली है ना तूने,
अब क्या चुराने आया है?"

दिवाली

सुना है, दिवाली को पहनते हैं लोग नए कपड़े,
कोई पुराना रिवाज़ होगा, नए कपड़े पहनने का।

अब यहाँ इस वीरान सुनसान वादी में
ख़ामोशियों की बाली के सिवा,
पहनने को नया क्या है?

तुम्हारे हाथों का बुना हुआ एक स्वेटर है,
जो पुराना हो गया है, फ़ट-सा गया है
सुराख़ दिखाई पड़ते हैं
और पहनो तो ज़्यादा ठंड लगती है।

आसमान का शॉल भी था
काला-सा, तारों के शीशे जड़े थे।
जाने कौन ले गया उसे कल रात,
ये दिन की नीले रंग वाली चादर

मुझे नहीं भाती।
धुँधला धुआँ बहुत है यहाँ,
जो पहाड़ ठंड से बचने को
ख़ुद ओढ़ते हैं।
पर यह बहुत लम्बा है,
काट के मेरे लायक़ बना दे,
कोई दर्ज़ी भी तो नहीं है यहाँ।

कुछ नई नज़्में ज़रूर हैं,
पर वो मुझसे दूर ही रहती हैं,
हाथों से रुख़सत होते ही
लिपट जाती हैं काग़ाज़ के साथ।
ख़ुद के जिस्म से उसका जिस्म ओढ़ देती हैं,
जैसे कभी तुम मुझे ओढ़ देती थीं।

एक घड़ी दी थी
तुमने मेरी सालगिरह पर,
जब से गयी हो, बंद पड़ी है।
और वक़्त की तरह
मैं भी वहीँ थम गया हूँ।

पटाख़ों की गूँज अब हल्की हो गयी है,
और दिये मद्धम,

ये दिवाली भी ऐसे ही गुज़र जायेगी,

वक़्त के चंद दाने बचे हैं बस।

कोई मेरा ये जिस्म जलाकर रौशनी कर दे,

और मेरी पुरानी रूह को,

किसी नए जिस्म का कपड़ा पहना दे।

उम्र

पुराने गेस्ट हाउस की खिड़की से देखा
भूरे-हरे, नीले-पीले, काले-सफ़ेद, कई पहाड़
मानो इतवार के मेले में
चुप-चाप सी खड़ी
गाँव की उम्र दराज़ भीड़,
जिनका चेहरा तो नहीं दिखता
पर उनकी जुल्फों पे उड़ेले हुए
वक़्त की अलग-अलग रंग की
स्याही दिखती है।

वो जो सबसे पीछे खड़े हैं
सफ़ेद से पहाड़,
वो जो कई सालों से चुप हैं,
जिनके क़रीब से
ख़ामोशी भी गुज़रती है अब
ख़ामोशी से,

पता नहीं चलता कि पहाड़ हैं
या सफ़ेद बादल।
और कौन कहे।
कि बादलों ने अपना बोझ रख दिया
पहाड़ी के कन्धों पर
या पहाड़ी ने टिका दिए हैं
अपने थके-भारी सर को
बादलों की गोदी में।

उन सफ़ेद चोटी वाले पहाड़ों
के साथ-साथ चलती हुई
नीली-सी, सुन्दर पहाड़ियाँ,
जो इस झरने के सुर में गाने गाती हैं,
घंटों अपने ज़ुल्फ़ों को निहारती हैं,
और अपने प्यार का इज़हार
एक खत में लिख कर,
बादलों के लिफ़ाफ़े में छुपा कर
हवा के साथ जाने कहाँ भेज देती हैं।

और जो सबसे सामने खड़े हैं
जवान पहाड़,
जो सबसे बेसब्र हैं

और जो वादी के ऊपर से
झाँक रहे हैं
बस्तियों को
लोगों को
मवेशियों को
जैसे किसी दुकान पर
रंग-बिरंगी फ्रॉक पहने
गाँव की लड़कियाँ,
खिलौनों को उठाकर देखती हैं,
रख देती हैं
और दुकानदार की तरफ़ देख कर
खिलखिलाकर हँस देती हैं।

मुझे लग रहा है
की ये पहाड़ी भी उसी तरह
मेरी तरफ़ देख रही हैं।
पर न तो मेरे पास कोई दुकान है
और न ही इन्हे देने को
अपने अलावा कुछ।

रेन इन मसूरी

सुना है कल रात हुई थी बारिश
धूप से सूखे बादलों के सारे ग़म,
जो पहाड़ी ने अपने सीने में समो लिए थे,
कल रात बूँदों में फूट-फूट कर रोये।

चीड़ और देवदार के पेड़
जो ग़मगुसार थे पहाड़ के,
हर ग़म हर ख़ुशी बाँटते थे,
कुछ समझ न सके,
पर ग़मगीन वो भी थे।
यह कहना मुश्किल था,
कि किसके चेहरे
किसके आँसुओं से गीले थे।

मवेशी जो शाम तक सो चुके थे
जाग गए थे,

और जो जागे हुए थे
वो सहम गए थे।

बिजली की रौशनी
और उस रोशनी में दिखने वाले
बादलों के चेहरे,
दिल में दहशत भरने वाले थे।

जाने कब थमी वो बारिश
पर सुबह घास पर
शबनम की बूँदों के सिवा,
बारिश का कोई निशाँ न था।

पहाड़ी के पीछे से सूरज
नींद से जाग कर
अंगड़ाईयाँ लेता हुआ
चारों तरफ़ देख रहा था।
अपने मासूम लाल चेहरे पे
एक सवाल लिए
"क्या कल रात मसूरी में कुछ हुआ था?"

ख़्वाब

रात भर एक ख़्वाब
लेटा रहा मेरे सिरहाने।
तमाम तारे आसमान का आँगन छोड़
खिड़की से उसे देखते रहे।

चाँद नाराज़ था,
उसे इज़ाज़त जो नहीं थी,
देखो कहीं मुँह छिपाके, बैठा होगा
किसी दरिया के किनारे।

फूलों में रस भी न पड़ा आज,
पर उसके सुर्ख़ होठों में
घुल रहे थे
जाने कितने ही रंग।

नन्ही कोपलों ने सुबह शिकायत की
शबनम की बूँदें,
उसके माथे का पसीना जो बनी हुई थीं।

पहाड़ी की नदी ने भी
उसकी लटों का नक़्शा उतारा
फिर धीरे से अंगड़ाई लेकर
उस ख़्वाब ने मुझे
और मैंने उसे देखा।

नज़रों के मिलते ही लेकिन
वो ख़्वाब
हर ख़्वाब की तरह
दिन के उजाले में कहीं खो गया

ए ट्रेन जर्नी

वो दूसरों के घर के बने
पूरी और आलू को प्यार से घूरना
ऑफर करने पर,
पहले ना और फिर हाँ करना।
पेड़े का आधा टुकड़ा खा कर,
पड़ोसी को आधा बढ़ा देना,
ब्रेकफास्ट में ब्रेड और कटलेट
का इंतज़ार करना,
चाय के बाद समोसे वाले,
और समोसे के बाद मूंगफली वाले
का रास्ता ताकना,
बहुत याद आता है
ट्रेन में सफर करना।

पॉलिटिक्स से लेकर क्रिकेट तक
हिस्ट्री से लेकर मौसम तक,
फ़ासले खत्म हो जाते थे
पर गुफ़्तगू नहीं।
अंताक्षरी, लूडो और ताश की बाज़ियों से
खेल-खेल में दोस्ती हो जाना,
फ़ोन नंबर या पते एक्सचेंज करना,
नज़रों का मिलना और
मिलते ही फेर लेना,
हसीं सिलसिले का शुरू होना
और कभी कभी उन चन्द घड़ियों की मुलाक़ातों का
उम्र भर के रिश्तों में मुकम्मल होना।
बहुत याद आता है
ट्रेन में सफर करना!

खिड़कियों से हवा का चेहरा चूम लेना
सूरज को पटरियों पर भागते हुए देखना
बारिश का बिजली के तारों पर
धीरे-धीरे नाचना
सफ़ेद कोहरे का शॉल ओढ़े
हरी - पीली सरसों का नींद में ऊँघना,
जंगल-पहाड़, नदी से भागते हुए मिलना

और फिर उन्हें पीछे छोड़ देना।
स्टेशन के काले- पीले नाम पढ़ना
चलना, रुकना, और फिर चल पड़ना
बहुत याद आता है सच
ट्रेन में सफर करना।

उदयपुर

इस रिश्ते का रिश्ता बने रहना,
बस तेरे मासूम ऐतबार,
और बिना शिकवों के
इंतज़ार की बदौलत है।

हम तो हमेशा से बेख़बर थे,
आदत से बेबस और बेज़ार थे।
कभी तुमसे बेरुख़ी की,
तो कभी की बेवफ़ाई भी।

जब कभी पास आकर
तुमसे मिला गले तो,
अक्सर बदन पे किसी और के
इत्र की ख़ुशबू लिए।
और होठों पर
किसी पराई ज़ुबान का ज़ायका लिए,

जिसे तुमने भी चखा होगा
पर कभी कुछ कहा नहीं तुमने।

और जब कभी
तुम्हें अलविदा भी कहता,
तो हर बार जल्दबाज़ी में,
जल्द लौटने का,
तुम्हारे पास बसने का,
झूठा वादा भी करता।

पर जाने क्या बात है कि
हर बार लौटता हूँ
इस पुराने शहर की
घुमावदार गलियों-सी
तेरी बाँहों में।
तेरी साँसों को,
अपने सीने में समेटता हूँ।
और तेरे आँसुओं का
भर कर जाम
गले से उतारता हूँ।
पर इस बार जब
घूँघट उठाया तेरा तो,

तेरे चेहरे की कुछ झुर्रियों को
और गहरा पाया।
हाथों का लम्स
जा चुका है
और उनमे बेबसी की
सख़्ती आ चुकी है।
तेरा लिबास उतारा,
तो वक़्त के और कुछ मेरे
बेरहम हाथों के निशाँ पाए
जो तेरे बदन पर
ख़ामोश नील पड़े हैं।

फिर भी मैं बार-बार लौटता हूँ,
और सोचता हूँ,
कि रह जाऊँ तेरे पास
और निभाऊँ ये रिश्ता।
क्यूँ की मैं ये जानता हूँ,
के इस रिश्ते का रिश्ता होना
बस तेरे मासूम ऐतबार
और बिना शिकवों के
इंतज़ार की बदौलत ही है।

चलो आज कुछ ऐसा करें

आओ बादलों के साहिल पर
नंगे पाँव भागें।
थोड़ा सा नीला समंदर छलकायें,
एक दूसरे पर "छपाक!" से।
किसी बादल पर
टेक लगा कर थोड़ी देर बैठें
और कुछ तसवीरें बनाएँ
आसमान के इस कैनवास पर।

फिर चल के किसी रेड़ी पर
बारिश की चुस्की खरीदें,
और उसकी चुस्की लेते-लेते,
बरसती बूँदों की आवाज़ सुनें
और चुपके-से मुस्कुराएँ।

और जैसे ही दिख जाये
सुबह का ये लाल सूरज
दिन भर इसके पीछे भागें
और पकड़ लें इसको शाम को
जब ये छुपा बैठा हो उफ़क के कोने में।

और चलते-चलते थक जाएँ तो
रात के सीने पर सर रख कर,
आधी-खुली, आधी-बंद आँखों में
तारों -सा सो जाएँ।

इंतज़ार

काली घटाओं ने पर्दा

कर रखा था,

पर चाँद फिर भी

छुप-छुप के कुछ देखने की

कोशिश कर रहा था।

नीचे नदी की रेत ने,

अपना सफ़ेद

क़ालीन बिछा दिया था,

और ठंडी हवा भी,

धीरे-धीरे कुछ सहमी हुई सी चल रही थी।

लहरों ने अपने सुर ताल

सजा दिए थे,

जिनके सहारे नदी,

जाने किसी को

अपना बुलावा भेज रही थी।
वादी का कोहरा धीरे-धीरे
पहाड़ों से ज़मीन पर
उतर रहा था
पर वक़्त, खामोश,
अपने आप में मसरूफ़ था।

मैं अकेला नहीं था
तुम्हारे इंतज़ार में।
ये सब मेरे साथ-साथ
बड़े पुरसुकून से,
कर रहे थे इंतज़ार,
जैसे रात,
रात भर
दिन के आने का
करती है इंतज़ार।

अमावस और पूनम

गॉल फोर्ट के पेचीदा सी

एक गली के मोड़ पे,

एक रूफ-टॉप कैफ़े में

कॉफ़ी पीते हुए,

मैंने रात के समंदर को देखा,

लहरों का शोर सुना,

और चाँद को बादलों से झाँकते हुए

कुछ ढूँढ़ते हुए देखा।

क्या कोई तारा गिर गया था?

पूरे दिन की सैर के बाद

घर लौटते हुए,

अपनी प्यारी भेड़ों की

गिनती करते हुए,

किसी चरवाहे की तरह

चाँद, इधर-उधर बेचैनी से देख रहा था

अपनी पूरी चाँदनी की
टॉर्च-लाइट बिखेरे हुए।
उसने सब जगह देखा,
समंदर के किनारे पड़े
बड़े-बड़े पत्थरों के पीछे,
नारियल के लम्बे पेड़ों की शाखों में,
सफ़ेद रेत में बने हुए
बच्चों के घरों में।

जब कहीं न मिला वो तारा, तो चाँद
बूढ़े समंदर से सीधे जा भिड़ा,
और शिकायत भरी आवाज़ में बोला
"तुम ही ने चुराया है ना
मेरा वो छोटा सा तारा?
अभी तो उसने
आसमान के आँगन पे
चलना भी नहीं सीखा था।
नासमझ, लाख मना करने के बाद भी
उतरा होगा तुम्हारी लहरों में,
रंग-बिरंगी मछलियों को देख।
और तुमने मछलियों का,
कोरल रीफ्स का, जलपरियों का,

और जाने कैसे-कैसे तिलिस्मों का
लालच देकर,
उसे अपने भीतर ही फँसा लिया होगा!”

यह सुनकर बूढ़ा समंदर ग़ुस्से से
रात में और काला दिखने लगा
और शोर करने लगा।
ऐसा लग रहा था मानो
अपने लहरों की सफ़ेद मूछों को
हवा में लहरा कर, कस कर
लड़ाई की तैयारी कर रहा हो।
पर कई बार हुंकार कर,
डरा कर,
आख़िर में बस इतना ही बोला
“रे चाँद, मेरे पे तू इलज़ाम लगाता है!
क्या सबूत है तेरे पास?”

कोई सबूत तो नहीं था उसके पास
पर चाँद, शिकायत भरी आवाज़ में
फिर से बोला
“अक्सर ही तुम
चुरा लेते हो
मेरा कोई तारा।

वरना जो दिन भर
तुम्हारी लहरों के बदन पे
नाचते हैं, चमकते हैं तारे,
वो कहाँ से लाते हो?"

बूढ़ा समंदर कुछ न बोला
पर अपनी सफ़ेद मूछें लहराता रहा
शोर करता रहा
और आसमान के एक कोने
में छुपे सूरज को,
देखता रहा
जो ये देख धीरे धीरे
मुस्कुरा रहा था।

सूरज, ये अच्छे से जानता था कि
अब चाँद अब अपने
खोये हुए तारे की याद में
बहुत तड़पेगा, रोयेगा,
अपने हाल की भी उसे
कोई ख़बर न होगी।
उसका चेहरा
और उसकी चमक
कम होती रहेगी

और वो धीरे-धीरे

अपना पूरा वजूद ही खो देगा।

तब वही बूढ़ा समंदर,

अपने सीने से जुदा कर

एक तारा, चुपके से,

सूरज के उजाले में छिपाकर,

आसमान के आँचल में बिठा देगा।

जिसे रात में देख

चाँद फिर मुस्कुराएगा।

और धीरे-धीरे अपना चेहरा,

और अपनी चमक

दोनों वापस पाएगा।

चाँदनी से अमावस

और फिर अमावस से चाँदनी

की ये कहानी

ऐसे ही चलती रहेगी।

वादी

ये हवा गुज़री है पत्तों से चिपक कर
या तूने किसी भूली हुई ज़ुबान में कुछ कहा है।

ये रात है जनवरी के महीने की
या तूने ओढ़ दी है शॉल पश्मीने की।

ये तारे खेल रहे हैं लुक्का-छुप्पी चाँद से
या दिए जलाए हैं भटके राही के लिए तूने।

ये पेड़ खड़े हैं सीधे और शांत उसके इंतज़ार में
या इस ज़मीन ने मशालें जलाई हैं इबादत में।

ये झींगुर दिन के झगड़े निपटाते हैं शाम को
या इन्हे भी आयतें सिखा दी है अपने नाम की।

ये तारों के मोती जड़े हैं फ़लक पे

या तूने महीन से छेद किए हैं इस काली चादर पर

और चुपके के कहता है, आ इस चादर को हटा,

रौशनी का, मेरा, दीदार तो कर।

ये सोचता हूँ मैं कभी-कभी

के या तो मैं तन्हा हूँ,

या तू मेरे साथ

है भी और नहीं भी।

फूल

फूल का काम है
खिलना; बस इतना।

उसकी ख़ुशबू को
सारे जहाँ में बिखेरना,
हवा का काम है।

उसके रस को मधु बनाकर,
सबकी ज़ुबान को मीठा करना,
भँवरे का।

और उसके चेहरे का बन आइना,
उसके रंगों से सबको रूबरू कराना,
काम है आसमान का।

फूल का काम है खिलना;
बस इतना!

त्रिवेणी

इस फ़ॉर्म का इज़ाद गुलज़ार साहब ने किया था। इस में दो ही पंक्तियों में शेर मुकम्मल होता है, वो अपने आप ही सम्पूर्ण होता है, पर तीसरी लाइन के आ जाने से या तो उसके मायने बदल जाते हैं या उसके अर्थ में इज़ाफा होता है। जैसे गंगा, जमुना मिलती हैं तो वो सबको नज़र आता है पर उनके अन्दर सरस्वती जो बहती है वो उसे त्रिवेणी बना देती है और पावन कर देती है - गुलज़ार साहब का अपना डेफिनेशन है यह। कुछ कोशिशें पेश हैं।

रिलेटिविटी

जब पास होती हो, तो किसी बच्चे-की-सी तेज़ी से भाग जाता है,
और जब होती हो दूर तो धीरे-से किसी बुज़ुर्ग की तरह गुज़रता है;
यह वक्त है या इंसान, जो चाल अपनी इस क़दर बदलता है।

कन्फ्यूज्ड

गुफ़्तगू पर पाबन्दी उनकी, नाराज़गी ख़ामोशी पर भी
झटक देते हैं नज़दीकियों को, शिकायत उनको दूरियों से भी
और ये भी कहते हैं वही के 'यार तुम बहुत कन्फ्यूज्ड हो!'

द वर्ल्ड इज़ राउंड

जिस मोड़ को छोड़े गए थे हम मीलों पहले, वो आज फिर मिला है;
जो साथी बिछड़ गए थे सालों से, उन से अब मिलने का सिलसिला है;
अक़्लमंदों में मगर आज भी बहस छिड़ी है, कि क्या दुनिया गोल है।

नेल पेंट

औज़ार तैयार करता हो जैसे कोई, लड़ने से पहले,
धूल-हटाई, नहलाये-धोये, चमकाए, और रंग लगाये;
आज मिलना था, 'कल देर रात वो नेल्स पेंट' करते रहे।

नींद

देर तक चाँद, रात के आइने में अपना चेहरा निहारता रहा,

एक-एक कर सारे तारों की बिंदी भी ट्राई कर ली;

देखना, तुम्हारी पीठ से चिपक कर मेरी नींद तो चली नहीं गयी।

www.ingramcontent.com/pod-product-compliance
Lightning Source LLC
Chambersburg PA
CBHW021004180726
47993CB00017B/697